# RÉPONSE
## DE
## M. DE GUIGNES,

Aux Doutes proposés par Monsieur DESHAUTESRAYES, sur la Dissertation qui a pour titre:

*Mémoire dans lequel on prouve que les Chinois sont une Colonie Egyptienne.*

### A PARIS,

Chez MICHEL LAMBERT, Imprimeur-Libraire, rue & à côté de la Comédie Françoise, au Parnasse.

M. DCC. LIX.

# RÉPONSE
## DE
## *M. DE GUIGNES,*

Aux Doutes proposés par Monsieur Deshautesrayes sur la Dissertation qui a pour titre :

*Mémoire dans lequel on prouve que les Chinois sont une Colonie Egyptienne.*

'Avois résolu de garder le silence sur les Doutes que M. Deshautesrayes vient de publier, parce que mon dessein n'est pas de m'engager dans aucune dispute littéraire, & que j'aime beaucoup mieux m'approcher de mon but, que de m'arrêter ainsi dans la route. D'ailleurs ces Doutes ne me paroissoient nullement fondés; mais comme on fait naître des difficultés pour avoir le plaisir de les combattre, qu'on me fait dire ce que je n'ai pas dit, qu'on déguise en plusieurs occasions la vérité, & que par-là on ne laisse pas que d'en imposer à la partie du Public qui n'entreprend pas d'examiner à fond cette matiere, j'ai cru devoir répondre en peu de mots, afin de détruire les impressions que ces Doutes peuvent faire naître.

Je cherche la vérité sans détours. Je serai charmé que mes observations se trouvent fondées; mais si, par hasard, je venois à en découvrir le faux, je serois le premier à m'en désister. Je recevrai avec plaisir les avis solides dont on voudra bien me faire part; j'en ferai usage; mais, je le répete, je ne veux point combattre perpétuellement des réflexions trop précipitées & qui n'ont point été méditées, telles que sont les Doutes que je vais examiner. Ils sont au nombre de vingt-trois, que je divise en trois classes.

## Première Classe.

1°. Dans le premier doute, on ne trouve *ni probabilité ni vraisemblance à supposer que les Hieroglyphes tirent leur origine des Lettres alphabétiques*. Ce doute seroit fondé si je n'avois dit le contraire dans mon Mémoire, puisque, page 63, je pense avec M. Varburthon, que le premier alphabeth avoit emprunté ses élémens des hieroglyphes. Je me suis par-tout exprimé conformément à cette idée.

J'ai dit page 62 que les Lettres Beth, Daleth, Aïn, Schin, &c. étoient formées d'après la peinture de la chose signifiée ; donc je faisois entendre que les hiéroglyphes avoient donné naissance aux Lettres alphabétiques. J'ai dit encore page 63, que M. l'Abbé Barthelemy avoit mis cette excellente Théorie dans un plus grand jour, & j'ai adopté son sentiment. Page 59 j'ai dit encore, *de-là il est aisé de conclure que les Caractères Chinois ont été dans l'origine de purs hiéroglyphes*. N'est-ce pas donner l'antériorité aux hiéroglyphes sur les lettres alphabétiques ? Il est donc évident que ce doute est proposé gratuitement.

2°. Le second doute n'est qu'une répétition du premier, & on ne l'en a distingué que pour multiplier le nombre des difficultés apparentes.

3°. Dans le troisiéme Doute, M. Deshautesrayes se presse un peu trop. Il falloit attendre un ouvrage plus étendu que la petite brochure que j'ai donnée & qui n'est qu'une annonce. C'est comme si, d'après un prospectus, on alloit se plaindre qu'un Auteur n'a pas donné la solution de toutes les difficultés que présente sa matiere. Cependant il ne faut pas aller plus loin sans faire quelques observations.

*Aussi-tôt*, dit-on, que les caractères alphabétiques furent inventés, les hiéroglyphes furent abandonnés aux Prêtres, qui en firent un mystere. Je demande ici si l'on peut raisonnablement soutenir cette assertion. Tous les monumens publics, toutes les petites figures destinées à la dévotion du Peuple étoient chargés d'hiéroglyphes ; étoit-ce afin qu'on n'y entendît rien ? Cela ne peut se soutenir. Adoptons cependant un moment un sentiment si hazardé.

On fera obligé, dit-on, de transporter des Prêtres avec la Colonie. Je n'y vois aucun inconvénient ni aucune impossibilité. Mais en ce cas, ajoute-t-on, on demande 1°. Pourquoi ces Prêtres ont-ils permis à la Chine le libre usage des hiéroglyphes, pendant qu'ils étoient sur la réserve en Égypte? Je réponds, que je ne puis croire que les Prêtres seuls sçussent lire les hiéroglyphes. On demande 2°. pourquoi la Langue Egyptienne n'a pas prévalu à la Chine? 3°. Pourquoi les Prêtres Egyptiens n'y ont pas établi leur Religion? Je serois charmé que M. Deshautesrayes me dît, pourquoi la Langue & la Religion des Egyptiens n'ont pas prévalu dans la Gréce? Pourquoi les Francs n'ont pas donné leur Langue & leur Religion aux Gaulois vaincus? Pourquoi les Tartares n'ont pas fait de même à l'égard des Chinois qu'ils ont soumis? Je pourrois m'étendre sur ces articles; mais il me suffit pour le présent d'y répondre en peu de mots.

4°. M. Deshautesrayes dans son quatriéme doute, en conséquence du sentiment qu'il m'attribue, dit, ″ si les hié- ″ roglyphes ont précédé l'écriture alpha-

» bétique, pourquoi M. de Guignes fup=
» pofe-t-il que les hiéroglyphes commu-
» niqués aux Chinois par les Egyptiens,
» étoient compofés de lettres alphabéti-
» ques ? « Ce doute n'eft fondé que fur ce que M. Deshautesrayes n'a pas bien entendu mon Mémoire, où je dis que les Egyptiens ont communiqué leur écriture entiere aux Chinois, c'eft-à-dire, leurs hiéroglyphes & leurs Lettres alphabétiques ; ainfi fa queftion devient inutile, puifqu'une partie des caracteres Chinois font des hiéroglyphes, les autres des lettres alphabétiques.

5°. On attaque dans le cinquiéme doute la comparaifon que j'ai propofée pour rendre plus fenfible la maniere dont je conçois que les Egyptiens ont tranfmis aux Chinois leurs hiéroglyphes. Il eft de la nature des comparaifons d'être toujours défectueufes. Tout le monde connoît le proverbe. Si M. Deshautesrayes en fçait une plus exacte, je l'adopterai volontiers. Mais il ne doit pas ignorer qu'en rejettant cette comparaifon, que je crois affez jufte, le fait n'en exifte pas moins. S'il n'y avoit de vrai que les faits defquels on peut dire qu'ils font arrivés de telle ou telle façon, beaucoup de faits vrais se trouveroient faux. L'Amérique est peuplée, nous ignorons de quelle maniere elle l'a été. Je tâche d'expliquer comment les Egyptiens se sont conduits avec les Chinois ; mais je ne me flatte pas de réussir, & ce peu de succès n'infirme pas le fait que je veux établir. Nous trouvons les Lettres Egyptiennes à la Chine, voilà le fait. Comment cela est-il arrivé ? C'est sur quoi l'on m'attaque ici, & c'est ce que j'abandonne, parce que cela ne m'intéresse point. M. Deshauterayes trouve une grande facilité à faire comprendre à des Sauvages le système alphabétique. Nous pouvons en juger par le temps que des personnes d'un certain âge employent à apprendre à lire.

6°. Dans le sixiéme doute, l'Auteur est en contradiction avec lui-même. Comme je trouve dans les caracteres Chinois des Lettres Phéniciennes, il dit que les hiéroglyphes n'ont rien de commun avec ces lettres. Mettons ceci à côté du second doute, où il dit qu'Athotès, Roi d'Egypte, inventa les élémens de l'alphabet qui fut usité en Phénicie, en Chaldée, &c. Donc les Lettres Phéniciennes sont les mêmes que les lettres alphabétiques Egyptiennes, qui sont dérivées des hiéroglyphes, & ce sont ces dernieres que je retrouve dans un grand nombre de caracteres Chinois. Le reste du doute roule encore sur cette fausse supposition si rebattue, à laquelle je ne dois plus répondre, puisque je n'ai jamais dit que les lettres fussent plus anciennes que les hiéroglyphes.

7°. Dans le septiéme doute, M. Deshautesrayes témoigne sa surprise que je n'aie point fait usage du texte de S. Clément d'Alexandrie, préférablement à celui de Porphyre, sur les différentes sortes d'écritures qui étoient employées par les Egyptiens. Je n'ai nommé ni Porphyre ni S. Clément d'Alexandrie, parce que je n'ai voulu donner la préférence à aucun. Si je l'eusse fait, on auroit été en droit de me demander la raison de cette préférence; alors il m'auroit fallu citer les textes des deux Auteurs, les comparer l'un avec l'autre, distinguer ce qu'ils ont de commun de ce qui leur est particulier, assigner les défauts de l'un, examiner si l'autre n'en renferme point aussi quelqu'un, ou, du moins, essayer de les concilier, s'ils font fufceptibles de quelque conciliation. Je doute fort qu'un tel détail eût été agréable au Lecteur, & qu'il m'eût fçu gré de m'y être livré. Du moins il ne devoit point s'attendre de trouver dans un premier effai une difcuffion de cette nature, qui, d'ailleurs, eft totalement étrangere à mon objet. Porphyre, S. Clément d'Alexandrie & tous ceux qui ont parlé des Caracteres Egyptiens, s'accordent en ce point, que ces Peuples fe fervoient de deux fortes d'écritures, l'une hiéroglyphique, & l'autre épiftolique. Cela fuffifoit au deffein que je m'étois propofé. Mon but étoit de retrouver chez les Chinois les deux fortes d'écritures que les Anciens & les Modernes nous affurent avoir été en ufage dans l'Egypte. J'ai retrouvé chez les Chinois, non-feulement le caractere épiftolique, mais encore l'hiéroglyphique, le fymbolique & tous ceux qu'on peut regarder comme des fubdivifions de l'hiéroglyphique; j'ai donc rempli mon objet, autant qu'il étoit poffible de le faire dans un effai, où il ne devoit être queftion que d'expofer au Public mes premieres vûes fur les Caracteres Chinois.

Ceux qui feront curieux de voir lequel de ces deux Auteurs mérite la préférence, pourront consulter Monsieur Varburthon qui les a discutés avec autant de lumiere que d'érudition; & je serai fort surpris, si, après avoir lu le long Commentaire de ce Sçavant, ils se persuadent, comme M. Deshautesrayes, qu'il n'a pas entendu le Passage de S. Clément d'Alexandrie, & s'ils lui préferent l'explication du Chevalier Marsham.

Tels sont les premiers doutes proposés par M. Deshautesrayes. Il en a lui-même senti la foiblesse, puisqu'il ne les qualifie que de présomptions; car quelque force qu'il leur suppose, il n'ignore pas qu'une présomption n'eût jamais la force d'infirmer un fait établi. Mais quelles sont ces présomptions? On l'a vû; des idées que je n'ai point eues & que je n'ai point proposées; des allégations détruites par mon Précis que le Censeur avoit sous les yeux; des choses étrangeres à mon objet; enfin, des répétitions affectées pour grossir le nombre des objections.

### SECONDE CLASSE.

Les doutes qui suivent ont un rapport plus direct à mon Ouvrage. Monsieur Deshautesrayes y critique la comparaison que j'ai faite des Caracteres Egyptiens & Phéniciens avec les anciens Caracteres Chinois. Cette Critique, je l'avoue, détruiroit tout ce que j'ai dit à cet égard, si elle étoit fondée; mais la seule représentation des anciens Caracteres Chinois suffit pour la faire tomber; & si M. Deshautesrayes eût consulté avec plus d'attention les Dictionnaires qui les contiennent, il se seroit épargné la peine de détailler ces Doutes, & à moi celle de lui répondre.

8°. Son huitiéme doute a pour objet ce que j'ai dit de la Lettre Phénicienne *Jod*, & du signe par lequel les anciens Chinois désignoient la main. Je conviendrai sans peine, avec M. Deshautesrayes, que le Caractere Chinois *Tchao* qui a quelque rapport avec le *Jod* Phénicien, ne signifie point la main; aussi n'est-ce point ce Caractere que j'ai employé. Mais M. Deshautesrayes ne sçauroit disconvenir que les deux Caracteres *Yeou* & *Tço* ne signifient la main gauche & la main droite, comme le *Jod* Phénicien désigne la main. La forme fous laquelle il a représenté ces deux Caracteres, n'eſt pas la ſeule qui leur ait été donnée par les Chinois. Il en eſt une autre que Monſieur Deshautesrayes n'a point apperçue. On peut voir ſur la Planche les Caracteres *Tço* & *Yeou*, qui ſont tracés en différens ſens oppoſés : le premier ſignifie la main gauche, & le ſecond la main droite. Or, ces deux Caracteres anciens ont une entiere reſſemblance avec le *Jod* Phénicien. Les yeux ſeuls, comme le dit M. Deshautesrayes, peuvent en juger. Une reſſemblance ſi marquée ne paroît pas être l'effet du hazard ; elle annonce au contraire l'origine commune de ces Caracteres.

Voyez la Planche N°. 4.

9°. Dans le neuviéme Doute, Monſieur Deshautesrayes avance que le Caractere *Ye* n'a preſque aucun rapport pour la figure avec l'*Aleph* Phénicien. Sa critique reſtrainte par ce *preſque*, eſt un aveu qu'on peut, du moins, appercevoir quelque reſſemblance entre ces deux Caracteres ; mais pour faire diſparoître cette reſſemblance, il prétend que le Caractere *Ye* n'eſt que la petite ligne horiſontale qui ſe voit à côté de la figure qu'il a fait graver, & que les

Voyez la Planche N°. 1.

traits qui la couvrent n'ont été ajoutés qu'après coup, pour arrêter la mauvaise intention de ceux qui voudroient altérer les Chiffres. Ce font-là des suppositions gratuites & des conjectures sans preuves. La précaution d'une figure étrangere ajoutée au Caractere, n'est pas suffisante pour arrêter la mauvaise volonté d'un faussaire. Admettons cependant la supposition. M. Deshautesrayes, du moins, ne pourra pas nier que ce Caractere *Ye* ne soit souvent dans la composition des Caracteres antiques une ligne perpendiculaire, comme l'*Aleph* l'est dans les Alphabets Orientaux; mais si on rejette cette conjecture non prouvée, & qu'on regarde ce Caractere comme un Caractere ancien, tel qu'il l'est en effet, on sera forcé de convenir de sa conformité assez exacte avec l'*Aleph* Phénicien; & cette conformité eût été plus sensible aux yeux des Lecteurs, si M. Deshautesrayes eût fait graver le Caractere Phénicien dans la même proportion que le Caractere Chinois.

Quant à la signification, je pense que M. Deshautesrayes ne me contestera point que le Caractere *Ye* ne signifie premier. De cette signification dérive celle de prééminence que l'*Aleph* a encore dans toutes les Langues Orientales. Cette idée de premier ne lui a été attachée dans ces Langues, que parce qu'il se trouve à la tête de tous leurs Alphabets. Je demande à M. Deshautesrayes pourquoi le Caractere Chinois qui lui ressemble & qui représente la même idée, tient aussi le premier rang dans l'ordre des Caracteres ?

10°. Dans le dixiéme doute sur le *Daleth* des Hébreux & des Phéniciens, M. Deshautesrayes se condamne lui-même. Une simple vûe du Caractere Phénicien *Daleth* & du Chinois *Hou*, tels qu'il les a lui-même fait graver, auroit dû lui en faire appercevoir la parfaite ressemblance, & l'arrêter dans sa critique, puisque cette ressemblance me suffisoit pour l'établissement de la proposition que j'avois avancée. S'il eût porté ses recherches plus loin, il auroit encore trouvé dans les différentes formes des Caracteres *Hou* & *Muen* qui

Voyez la Planche N°. 3.

désignent une porte, des figures dont la conformité n'est pas moins sensible avec le *Daleth* Phénicien. Ces mêmes recherches lui auroient fait découvrir le Caractere

( 17 )

tere Chinois, qui exprime une porte, figuré comme le *Daleth* des Hébreux, à la feule différence qu'il est retourné. De femblables différences fe remarquent dans les Langues dont les Alphabets font empruntés des Phéniciens, fans faire méconnoître leur origine. La conformité des traits qui forment ces différens Caracteres fe trouve foutenue par leur fignification commune, puifque *Hou* ou *Muen* en Chinois fignifient une porte, comme le *Daleth* en Hébreu & en Phénicien, ce qui ne peut être nié par M. Deshautesrayes.

11°. La repréfentation des figures eft la feule réponfe que j'aie à faire à M. Deshautesrayes fur l'onziéme Doute qu'il propofe. Le Caractere *Mo* qui fignifie un œil, comme l'*Ain* chez les Orientaux, eft un *O* ou un petit cercle. On le voit par les figures mêmes qu'il a fait graver. Quelques lignes ou points ajoutés dans le cercle, ne défigurent point ce Caractere, & n'empêchent point de le reconnoître. On fçait que les mêmes Caracteres, en paffant d'un Peuple à un autre, ont fouvent fubi quelque altération ; mais les traits principaux que les changemens n'ont point effacés, atteftent toujours leur origine. *Voyez la Planche N°. 5.*

B

12°. Sur le douziéme Doute, je conviens qu'il faudroit avoir bien de la complaifance pour trouver qu'une Lettre Phénicienne, qui n'eft compofée que de trois traits, a de la reffemblance avec un Caractere Chinois compofé de quinze traits; mais M. Deshautesrayes auroit dû fe rappeller qu'il ne s'agit point ici du Caractere moderne. Sans une complaifance outrée on peut trouver quelque rapport entre l'ancien Caractere Chinois *Tchi* & le Caractere Phénicien *Schin*. Ce rapport s'entrevoit dans une des figures que M. Deshautesrayes nous a lui-même données. On y trouve trois dents de chaque côté comme dans le *Schin* Phénicien; mais ce rapport eût été beaucoup plus fenfible, fi l'on eût repréfenté les anciens Caracteres. Le *Tchi* s'y trouve peint comme un demi-cercle, auquel tiennent intérieurement de chaque côté trois dents, ou comme une portion de cercle furmonté de quatre dents. Ces figures dont on ne peut contefter le rapport avec le *Schin* Phénicien, ont été vifiblement formées de l'ancien Hiéroglyphe, ou de la peinture d'une machoire garnie de fes dents; mais en paffant du Caractere hiéroglyphique au

*(marginal note:)* Voyez la Planche N°. 7.

Caractere épistolique ou alphabétique, la masse entiere de la peinture n'a point subsisté, elle a été simplifiée, & l'on n'en a conservé que les traits suffisans pour donner une idée du tout. Ces altérations sont même prouvées par les Caracteres Chinois qui sont plus ou moins chargés de dents. La conformité marquée entre l'ancien Caractere Chinois & le Caractere Phénicien se trouve encore soutenue ici, comme dans les autres, par une signification commune. De l'aveu de M. Deshautesrayes l'ancien Caractere Chinois *Tchi* désigne la machoire & les dents comme le *Schin* des Phéniciens.

13°. Il en est du treiziéme doute, comme du précédent. M. Deshautesrayes y suppose que j'ai comparé le *Beth* des Hébreux avec les trois Caracteres Chinois modernes qu'il a représentés. Pouvoit-il oublier que, me proposant de trouver l'origine de l'Ecriture Chinoise, je devois écarter les Caracteres modernes pour ne faire attention qu'aux anciens? S'il eût consulté, comme il le devoit, ces Caracteres anciens, il auroit trouvé parmi eux le Caractere *Fang*, dont la seule inspection, sans aucune Voyez la Planche N°. 1.

prévention, annonce sa conformité avec le *Beth* des Hébreux; & il auroit remarqué que ce Caractere en Chinois signifie *clorre*, *enfermer*, *environner*, qui est l'idée attachée au *Beth* des Hébreux & des autres Orientaux.

Le reproche que me fait Monsieur Deshautesrayes de mettre à contribution les différens Alphabets Orientaux pour en comparer les élémens avec les Caracteres Chinois, ne peut être sérieux de sa part. Il avoue lui-même l'origine commune des Caracteres alphabétiques des divers Peuples de l'Orient; répétons son aveu : *Athotès, nous dit-il, inventa les élémens de l'Alphabet. La facilité de cette derniere Ecriture en répandit promptement l'usage non-seulement dans toute l'Egypte, mais encore en Phénicie, dans la Chaldée & dans plusieurs autres Royaumes.* Mais Monsieur Deshautesrayes n'eût-il point fait cet aveu, leur origine ne seroit pas moins certaine. La comparaison des différens Alphabets Orientaux suffit pour convaincre qu'ils dérivent tous de la même source, & que dans leur principe ils sont un seul & même Alphabet. Si des traits par lesquels sont formés les Caracteres de cet Alphabet, on eſt en droit de conclure qu'ils ſont originairement Egyptiens ou Phéniciens, la découverte de ces mêmes traits dans les anciens Caracteres Chinois n'opere-t-elle pas la même concluſion, ſur-tout lorſque cette conformité de traits ſe trouve jointe à l'uniformité de la ſignification?

14°. Le quatorziéme Doute eſt détruit par l'inſpection ſeule du Caractere Chinois *Hia* qui en eſt l'objet. Quelque déterminé que ſoit Monſieur Deshautesrayes à contredire indiſtinctement tout ce que j'ai avancé, je n'imagine point qu'il puiſſe nier que ce Caractere *Hia* ne ſoit compoſé de *Ya*, qui ſignifie les dents, & du Caractere *Muen*, qui déſigne une porte. Ces deux Caracteres étant, comme on l'a vû ci-deſſus, les mêmes que le *Schin* & le *Daleth* des Hébreux ou des Phéniciens, il en réſulte pour la prononciation *Schad*; mais le Caractere *Muen*, qui eſt le *Daleth* Phénicien, étant doublé, j'ai été autoriſé à lire *Schadad*. Il eſt vrai que le Caractere Chinois n'eſt compoſé que de deux radicales; mais il faut obſerver, comme je viens de le dire, & comme on le voit dans la fi-

*Voyez la Planche N°. 8.*

B iij

gure donnée par M. Deshautesrayes, que l'une de ces radicales eſt doublée. La conformité de ſignification du Caractere Chinois avec celle du mot Hébreu ou Phénicien qui s'y retrouve, eſt auſſi avouée par M. Deshautesrayes. Il convient, d'après ſon Dictionnaire, que le mot Chinois ſignifie faire une ouverture, déchirer. C'eſt une des idées attachées au mot Phénicien *Schadad*, qu'on prononce auſſi *Schadd*. La difficulté de M. Deshautesrayes eſt donc ſans objet, & ſe trouve détruite, ſoit par la figure du Caractere qu'il produit, ſoit par la ſignification qu'il ne peut s'empêcher de lui donner.

15°. Au lieu de *la plûpart*, liſez *pluſieurs*, & l'on verra tomber la difficulté élevée par M. Deshautesrayes dans ſon quinziéme Doute, ſur le nombre des Rois d'Egypte dont les noms ſont terminés en *phis*.

Il ne peut croire que j'ai trouvé le mot *Phii* dans le Caractere Chinois *Kiun* qui ſignifie Prince ou Roi. S'il eût voulu ouvrir le Dictionnaire des anciens Caracteres Chinois, ſon doute n'auroit pas ſubſiſté long-temps. Il y auroit trouvé ce mot *Kiun* exprimé par deux *Jod* Phéniciens accolés ou à côté

Voyez la Planche N°. 9.

l'un de l'autre avec un *Phé* entre deux. Ces trois Caracteres ainſi réunis, donnent certainement le mot *Phii*.

La ſignification déterminée que M. Deshautesrayes convient que le mot *Kiun* a en Chinois, & le réſultat des Caracteres Phéniciens avec leſquels les Chinois ont peint ce mot, m'ont conduit à conjecturer que le mot *Phis* qui ſe trouve à la fin des noms Egyptiens, répondoit à ce Caractere.

16°. Dans le ſeiziéme Doute M. Deshautesrayes prend le ton haut & déciſif; mais ce ton, fût-il encore plus élevé, ne décide rien. Pour critiquer à ſon aiſe, il adopte ou il écarte à ſon gré ce qu'il lui plaît. Il trouve dans quelques-uns des Caracteres que j'ai cité des Hiéroglyphes qui ont pû être inventés par différens Peuples, ſans aucune communication entr'eux; mais il paſſe ſous ſilence des Caracteres ſymboliques, qui, étant arbitraires de leur nature, décelent une origine commune, & ne peuvent partir que d'une même ſource. Ainſi il ne dit rien de l'aîle éploiée, qui, parmi les Chinois ſignifie le Miniſtre d'un Prince, ni du bonnet qui, chez le même Peuple, déſigne Voyez la Planche N°. 10 & 11.

une grande charge dans l'Etat. Que M. Deshautesrayes jette les yeux sur les monumens Egyptiens, il y trouvera ces symboles souvent retracés.

La haine, ai-je dit, s'exprimoit chez les Egyptiens & chez les Chinois par deux Animaux antipatiques. Cet exemple, selon M. Deshautesrayes ne peut être concluant, parce qu'il faudroit encore que ces animaux fussent les mêmes dans le Hiéroglyphe usité chez l'un & l'autre Peuple. Ce raisonnement suppose que les Egyptiens eux-mêmes se servoient invariablement des mêmes animaux pour exprimer cette passion; mais cette supposition est contraire à ce que nous connoissons des anciens Hiéroglyphes de ce Peuple. La lecture d'Horus Apollo que M. Deshautesrayes a faite, a dû lui apprendre que les Egyptiens employent souvent différens symboles pour exprimer la même idée, comme ils représentoient quelquefois des idées différentes par un même symbole.

L'Hiéroglyphe usité chez les Egyptiens pour exprimer la haine, étoit, continue M. Deshautesrayes, le poisson. Cet animal, je l'avoue, faisoit partie de l'un des symboles en usage pour désigner cette passion; mais il n'étoit pas le seul, il falloit qu'un autre lui fût joint. La nature du symbole l'exigeoit, sans cela il eût été inintelligible. L'idée de la haine étant une idée relative, on devoit trouver quelque relation dans le symbole sous lequel on la représentoit; il étoit donc nécessaire de joindre au poisson un autre animal qui fût son ennemi & qui eût une antipatie marquée contre lui; c'est ce qui me porte à croire que dans l'Inscription symbolique du Temple de Sais, il ne faut point séparer l'épervier du poisson, & qu'on doit la traduire ainsi: *O vous qui naissez & vous qui mourez*, c'est-à-dire, jeunes & vieux, *haïssez ou détestez l'impudence.* S. Clément d'Alexandrie dans l'explication qu'il nous a donnée de cette inscription, a détaché la figure de l'épervier de celle du poisson & les a regardés comme deux symboles différens, l'un de la divinité, & l'autre de la haine. Il s'est vraisemblablement persuadé que l'épervier ne pouvoit être chez les Egyptiens le symbole que de la Divinité, ou des Etres auxquels ils l'attribuoient; mais cet oiseau étoit le symbole de plusieurs choses différentes ; on l'employoit seul pour exprimer aussi l'élévation, l'abaissement, le sang, la victoire, un avare, un homme léger à la course, &c. mais lorsqu'il entroit dans la composition d'un symbole, comme dans l'inscription du Temple de Sais, & qu'il se trouvoit joint à un autre animal, il marquoit la haine.

M. Deshautesrayes conteste le dernier exemple que j'ai rapporté de la conformité des Hiéroglyphes Chinois avec ceux des Egyptiens. Cet exemple est celui d'un cercle avec un petit animal au milieu, *Voyez la Planche N°. 12.* que j'ai dit être le symbole du Soleil chez les deux Peuples. M. Deshautesrayes m'auroit fait grace sur l'Hiéroglyphe Egyptien, si au lieu d'un petit animal j'eusse dit un Scarabée, qu'il me permettra cependant de mettre dans le genre des animaux, quoiqu'il soit compris dans la classe des insectes. Pour l'Hiéroglyphe Chinois, je suis encore forcé de le renvoyer à son Dictionnaire des anciens Caractéres. Qu'il se donne la peine de l'ouvrir, il y trouvera un oiseau ou insecte volant au milieu d'un cercle employé pour exprimer le Soleil, de la même maniere que les Egyptiens le représentoient.

Ce même Dictionnaire lui apprendra encore que chez les anciens Chinois le Caractere *Chang* qui signifie haut, élevé, s'écrivoit par une ligne horisontale ou par une ligne courbe, avec un point ou une boule au-dessus. Qu'il consulte aussi les monumens Egyptiens, les Obélisques, la Table Isiaque, &c. il y retrouvera ce même Hiéroglyphe, dont la signification ne paroît pas devoir être équivoque. Sa position au-dessus du symbole du Soleil & dans le même cercle, ne permet pas de douter qu'il ne signifie haut & élevé, épithète qui convient à cet Astre que les Egyptiens regardoient comme le Dieu très-haut.

*Voyez la Planche N°. 13.*

### TROISIÉME CLASSE.

Les Doutes que M. Deshautesrayes propose ensuite contre ce qu'il lui plaît d'appeller mes Preuves historiques, n'ayant point de rapport à la conformité des anciens Caracteres Chinois, avec les Caracteres Egyptiens, que j'ai commencé d'établir, je pourrois me dispenser d'y répondre. Aux faits le plus solidemement constatés il s'en trouve souvent d'accessoires qui y sont joints & qui sont susceptibles de difficultés; mais ces difficultés n'ébranlent point la certitude des faits principaux, lorsqu'elle se trouve prouvée. Quand donc parmi ces nouveaux doutes il s'en trouveroit quelqu'un auquel je ne serois pas en état pour le présent d'opposer une solution entierement satisfaisante; je vais même plus loin, quand il resteroit encore quelque difficulté de cette nature, lorsque j'aurai établi mon système & que je l'aurai prouvé, je ne me croirai point obligé de l'abandonner, ni même d'y changer la moindre chose.

Examinons cependant si les nouvelles difficultés de M. Deshautesrayes sont aussi tranchantes qu'il le suppose; mais auparavant je ne puis me dispenser de réclamer sa bonne foi. Lui permettoit-elle de présenter ce qui termine mon Précis comme des preuves historiques de ma part? N'a-t-il pas dû s'appercevoir en le lisant que je n'offrois encore que de simples conjectures, auxquelles même je ne tenois pas beaucoup? Mes expressions qui marquoient mon doute & mon incertitude pouvoient-elles lui en donner une autre idée, & la précaution que j'ai prise de déclarer expreſſément que je n'affirmois encore rien, n'étoit-elle pas ſuffiſante pour le faire juger du dégré de valeur que je donnois moi-même à ces prétendues preuves ? En effet, je ne les ai expoſées que comme de premieres vûes, que je me ſuis réſervé la liberté de ſoumettre à un nouvel examen, & même d'abandonner, ſi je ne les trouvois pas ſuffiſamment autoriſées.

17°. M. Deshautesrayes pouvoit le conclure de la maniere dont j'ai propoſé ce que j'ai dit de cette Nation ſauvage & barbare qui ſubſiſte à la Chine, & qui s'eſt retirée dans les montagnes, d'où elle fait des courſes dans les environs. Je n'ai point affirmé que ce fût un reſte des anciens Sauvages du Pays, qui, à l'arrivée des Egyptiens, s'étoient retirés dans les montagnes; je me ſuis contenté de demander en doutant, ſi on ne pouvoit pas les regarder comme tels. Si je n'ai point ajouté que cette Nation ſauvage s'appelle *Miao*, *San Miao*, & *Miaoſſé*, c'eſt parce qu'il étoit aiſé de la reconnoître à ce que je diſois, & que d'ailleurs n'écrivant point l'Hiſtoire de la Chine, une déſignation plus particuliere devenoit inutile. L'impossibilité que M. Deshautesrayes trouve à concilier ce qu'on lit dans les Historiens Chinois des commencemens des Guerres de cette Nation sous *Yao*, & même antérieurement, avec l'époque de ma Colonie Egyptienne dans la Chine, pourroit être une objection pour celui qui admettroit l'authenticité de l'ancienne Histoire Chinoise relativement à la Chine; mais elle n'en est point une pour moi qui révoque en doute cette authenticité. (*) Ce que je pense de cette partie de l'Histoire Chinoise est suffisamment exposé dans le précis de mon Mémoire; & M. Deshautesrayes, pour éviter le sophisme, auroit dû s'abstenir, du moins quant à présent, d'en tirer aucune induction contre moi.

18°. Il m'accuse d'infidélité, parce qu'en disant qu'il y a des Peuples dans le *Tatsin*, qui ont une origine commune avec les Chinois, je n'ai pas ajouté que ce trait est tiré de Matuonlin. Cette critique ne se trouve placée ici que pour

―――――――――

(*) Voyez ma Lettre insérée dans le Journal des Sçavans du mois de Décembre 1757 Tome I, & dans le V Tome de mon Histoire des Huns.

faire parade d'érudition Chinoife; car que ce fait foit rapporté par Matuonlin ou par quelque autre, il n'en eft pas moins vrai qu'il fe trouve dans l'Hiftoire Chinoife. Un Auteur qui rapporte un fait configné dans quelque Hiftorien d'une Nation a-t-il jamais été regardé comme infidele, parce qu'il n'aura pas voulu, ou qu'il aura oublié de défigner l'Hiftorien où il a puifé ce fait, fur-tout quand il ne le juge pas effentiel à l'objet qu'il traite? Ne fuffit-il point pour l'exactitude qu'il ne l'ait point imaginé & qu'on life effectivement ce fait dans un Hiftorien?

M. Deshautesrayes ne peut difconvenir que par le *Tatfin*, les Chinois n'aient entendu l'Empire Romain, & n'eft-il pas certain que l'Egypte faifoit partie de cet Empire? Sa critique tombe fur l'étendue que Matuonlin a donnée à l'Empire Romain, dans lequel il prétend qu'il n'a point compris l'Egypte; mais il n'ignore pas que les Ecrivains Chinois font dans l'ufage de s'exprimer comme le faifoient leurs Ancêtres; & que ces derniers ayant compris l'Egypte dans le Pays de *Tatfin*, Matuonlin a dû auffi l'y comprendre. La prétendue preuve du contraire alléguée par M. Deshautesrayes n'eſt qu'une propoſition conditionnelle, dont on peut lui conteſter l'application. Si le *Jo choui* n'eſt pas la mer morte, comme il le prétend, le Pays de *Si-vang mou* ne ſera ni la Syrie ni l'Egypte. Ces noms pouvant déſigner une autre mer & un autre pays, ſon raiſonnement perd toute ſa force. Il a bien ſenti qu'on pouvoit lui conteſter l'explication de ces noms; car il permet de ſuppoſer que Matuonlin, en parlant de ceux du Pays de *Tatſin*, qui ont une origine commune avec les Chinois, avoit en vûe les Egyptiens; mais pour détruire l'induction qui ſuit naturellement de cette ſuppoſition, il demande ſi les Egyptiens tirent leur origine des Chinois, & il ne fait pas réflexion qu'il a lui-même répondu à ſa queſtion, en nous renvoyant à l'amour-propre des Chinois. En effet, cette Nation vaine qui s'éleve au-deſſus de toutes les autres, aura bien voulu ſe perſuader que ceux mêmes auxquels elle étoit redevable de ſon Gouvernement & de ſa Police, lui devoient leur origine.

19°. Tout ce qu'ajoute M. Deshautesrayes ſur la réputation des Chinois, ſur

sur l'authenticité de leurs écrits, n'est, comme je l'ai déja fait observer, qu'une pétition de principe, qui, dans la dispute, ne produit que des sophismes. Il auroit dû faire attention que, puisque je révoquois en doute la certitude de l'ancienne Histoire Chinoise relativement à la Chine, cette même Histoire ne pouvoit plus lui fournir d'armes contre moi.

Les prétendues difficultés contenues dans le même article ne sont pas assez réfléchies de sa part. Il lui paroît que les Princes Chinois Egyptianisés se seroient méprisés eux-mêmes, s'ils avoient quitté leurs propres noms pour les remplacer par des monosyllabes. Les Princes dont il s'agit n'ont jamais regné à la Chine, mais en Egypte; & ce sont les Egyptiens qui, long-temps après, ont porté une Chronique ancienne de l'Egypte, dont ils ont fait la tête de l'Histoire Chinoise. Ainsi ces Princes ne veilloient point à ce qu'on les appellât par leur véritable nom. Je ne sçais comment M. Deshautesrayes n'a pas lû cela dans mon Mémoire.

Il est impossible que M. Deshautesrayes, & tout autre Sçavant, soient assez au fait de l'orthographe & de la

C

prononciation de l'ancienne Langue Égyptienne, pour nous assurer qu'au lieu de Menès, il auroit fallu lire *Manouph*, & au lieu d'Athoès, *Athsor*, ou *Athsori*, dont il ne nous donne aucune preuve, parce qu'on ne peut en produire de valables.

Ce que M. Deshautesrayes avoit à faire par rapport à ces Princes & aux autres dont j'ai retrouvé les noms dans ceux des Princes de la premiere Dynastie de la Chine, étoit de faire voir que je m'étois trompé, & que ces noms ne s'y retrouvoient point. Il ne l'a point entrepris, sans doute, parce qu'il ne s'est point flatté de pouvoir y réussir. Il se contente d'incidenter. Il prétend qu'il ne se peut faire que j'aie vû dans le nom de *Tai kang*, Successeur de *Ki*, le nom de Diabiès. L'analyse des Caracteres devroit être la seule preuve de cette impossibilité prétendue. Monsieur Deshautesrayes a recours à une autre. C'est qu'entre Athotès & Diabiès il y a, selon le Canon d'Eratostene, un autre Athotès II du nom. M. Deshautesrayes me permettra de lui demander s'il est bien certain de la parfaite exactitude du Canon d'Eratostene ; & supposé que cet Auteur ne se soit trompé en rien, &

que fon Catalogue foit parvenu jufqu'à nous fans aucune altération; s'il n'a pas pû arriver que les Chinois ayent confondu deux Princes qui, portant le même nom, fe feront fuccédés immédiatement.

Au furplus, je ne crois pas qu'on exige de moi que je retrouve tous les noms des Rois de Thébes dans les premieres Dynafties des Chinois. On fçait par des Hiftoires très-connues que les mêmes Princes font fouvent défignés par des noms fort différens. Les Hiftoriens Sacrés ne nomment pas toujours les Rois d'Affyrie, de Chaldée & de Perfe par les mêmes noms fous lefquels on les trouve dans les Hiftoriens profanes. Il doit donc fuffire que je retrouve une partie de ces Princes, & je regarderai mon fyftême comme prouvé, lorfque la conformité des noms fe trouvera foutenue de celle des évenemens que les monumens hiftoriques nous apprennent être arrivés fous leurs regnes.

M. Deshauterayes trouve mauvais que je ne me fois attaché qu'à la qualification de *Tchong* dans le nom de *Tchong kang*. Pour détruire l'induction que j'en ai tirée, il auroit dû prouver, par la voie que je lui ai déja indiquée, que le mot *Pemphi* n'eft pas réellement

C ij

dans ce nom; mais ici, comme ailleurs, il n'a pas ofé hazarder une objection directe; il a préféré cette attaque indirecte, quoiqu'il ne puiſſe ignorer que chez les Orientaux les Princes ſont plus ſouvent nommés par les qualifications qu'ils ont priſes, ou qu'on leur a données, que par leurs noms propres.

La citation de Mengtzé, & les réflexions dont M. Deshautesrayes l'accompagne, retombent encore dans la pétition de principe; elles ſuppoſent, ce qui eſt en queſtion entre nous, l'authenticité de l'ancienne Hiſtoire des Chinois, relativement à la Chine, que je conteſte. On ne peut en faire aucun uſage contre moi, que lorſqu'on ſera en état de juger des motifs de mon doute, c'eſt-à-dire, lorſque je les aurai produits, & qu'on les aura ſolidement réfutés.

19°. M. Deshautesrayes paroît varier dans ſa critique ſur la ſignification du nom du Fleuve *Hoang ho*. Après avoir dit qu'il n'a lû nulle part que ce Fleuve ait jamais porté le nom de Fleuve noir, il ſemble convenir qu'on peut l'appeller ainſi, lorſqu'il dit : *Quand même il auroit porté le nom de Fleuve noir*, il auroit pû ajoûter qu'il porte effectivement ce nom, puiſque les Tartares, maîtres de la Chine, & qui entendent parfaitement le Chinois, le nomment *Cara moran*, qu'on ne peut traduire que par le Fleuve noir. Il en est du nom de ce Fleuve, comme de celui du Nil, que les anciens Naturels du Pays & les Phéniciens nomment *Schikhor*, dont la racine, dans leur Langue, signifie aussi-bien être noir qu'être jaune.

20°. On peut, sans refondre toutes ses connoissances sur l'ancienne Histoire d'Egypte, admettre des Rois dans ce Pays avant Menès. Immédiatement avant la fondation du Royaume de Thébes par ce Prince, l'Egypte sans doute n'étoit pas déserte. Elle étoit habitée par différentes Familles; ces Familles avoient leurs Chefs, & ce n'est point parler improprement, que de donner à ces Chefs le nom de Princes. Les Egyptiens eux-mêmes ne nous parlent-ils point d'un Osiris & d'un Orus qu'ils disent avoir regné avant Menès?

21°. M. Deshautesrayes critique & adopte en même-temps ce que j'ai dit de la Barbarie & de la Chine 1500 ans après Menès. Il convient que deux des fils de *Tay-vang*, qui donna à sa Famille ou Dynastie le nom de *Tchéou*, mécontens de leur pere, parce qu'il destinoit l'Empire à leur cadet, se retirerent chez les Peuples Barbares qui habitoient le Midi de la Chine. N'est-ce pas-là avouer ce qu'on conteste? Ces Barbares occupoient la Province de *Kiangnan*, où est *Nankin*, ancienne Capitale de la Chine, qui se trouve au milieu & pour ainsi dire au centre de l'Empire. Si cette Province, de l'aveu même des Auteurs Chinois, étoit encore toute barbare du temps du Fondateur de la Dynastie des *Tchéou*, qui est l'époque que je donne à la Colonie Egyptienne, que doit-on penser des Provinces voisines & plus méridionales? Ai-je donc eu si grand tort de dire, que 1500 ans après Yao la plus grande partie de la Chine étoit encore barbare?

22°. Si les Egyptiens, dit encore M. Deshautesrayes, établirent des Colonies à la Chine, ils durent y porter avec leurs Loix & leurs usages la Doctrine de la Métempsycose qui fleurissoit en Egypte dès les premiers temps de la Monarchie. Cette objection est hazardée. M. Deshautesrayes pourroit-il nous assigner l'époque de la Doctrine de la Métempsycose en Egypte? Nous sçavons par le témoignage d'Hérodote que cette Doctrine a pris naissance dans ce

Pays; mais cet Historien ne nous dit pas quand elle a commencé d'y être enseignée, ni encore moins qu'elle remonte aux premiers temps de la Monarchie. Cette Doctrine étoit-elle universellement reçue dans toute l'Egypte? Il y a lieu d'en douter. Ce Pays étoit divisé en différens Royaumes, & chacun d'eux avoit son culte particulier; la Religion de Thébes n'étoit pas celle de la Basse Egypte, la Théologie par conséquent devoit être différente; une partie sans doute admettoit des dogmes que l'autre rejettoit. Enfin, que répondroit M. Deshautesrayes à celui qui se serviroit d'un argument pareil au sien pour nier que les Egytiens ayent jamais conduit des Colonies dans la Gréce? Si, lui disoit-on, les Egyptiens ont établi des Colonies dans la Gréce, ils ont dû y porter le système de la Métempsycose. Or il est constant que les Grecs n'ont adopté que très-tard ce système, postérieurement au temps où l'on place l'arrivée des Colonies Egyptiennes; il n'y a donc jamais eu de Colonie Egyptienne dans la Gréce. M. Deshautesrayes admettroit-il cette conséquence? S'il le faisoit, toute l'antiquité qui constate l'arrivée de Cécrops à Athènes, & celle de

Danaüs à Argos, déposeroit contre lui. Il faut aussi qu'il avoue que l'introduction du dogme de la Métempsycose dans la Gréce est postérieure de plusieurs siécles à l'arrivée de ces deux Egyptiens dans le Pays. Les Grecs n'ont eu la premiere connoissance de ce dogme que par Pythagore, postérieur d'environ neuf cens ans à Cecrops & Danaüs. Ce Philosophe l'ayant reçu des Prêtres d'Egypte dans ses voyages, le communiqua à ses Disciples qui le répandirent ensuite parmi les Grecs. *Quel fil sera propre à diriger M. Deshautesrayes dans les détours de ce labyrinthe ?*

23°. Je n'ai rien à répondre à la citation du Journal de Trévoux, par laquelle M. Deshautesrayes termine ses doutes, ni aux réflexions qu'il y joint. Ce qu'a dit le Pere Berthier dans ce Journal peut m'intéresser, mais je n'en ai point fait usage.

*F I N.*

## APPROBATION.

J'AI lû par ordre de Monseigneur le Chancelier un Manuscrit intitulé : *Réponse de M. de Guignes aux Doutes proposés par M. Deshautesrayes*, &c. & il m'a paru qu'on devoit en permettre l'impression. A Paris, ce 6 Octobre 1759. BARTHELEMY.

| HEBREU | PHENICIEN | CHINOIS |
|---|---|---|
| 1. Aleph . . A . . . . א | ≠ ou ≠ ou ⊥ | ¥ ou ¥ |
| 2. Beth . . B . . . . ב | 9 ou 9 | ⊐ ou ⊏ |
| 3. Daleth . D . . . . ד | 9 ou 9 | ᛈ ou ᛉ ou ᛟ ou ᛒ |
| 4. Jod . . . I . . . . י | 𝝥 | Ꝺ ou Ꝼ ou ⅏ |
| 5. Aïn . . . O . . . . ע | O | 8 ou ⏀ ou ☉ |
| 6. Phe . . . . . . . . פ | | ⨆ ou ⅁ ou ⨃ |
| 7. Schin . . . . . ש . ש | ou V | ⨅ ou ⨄ ou ⨇ |

| 8. Hia rompre briser | 𓂝 (B.R) ש ou ד״ש | 9. Kiun Prince | ⨳ ou ״פ |
|---|---|---|---|

| 10. Chin Ministre ⌇ | 12. Ge Soleil ⊛ | 13. Chang haut — ou ⌣ |
|---|---|---|
| 11. Tcio Charge ⌇ | | |

P. L. Charpentier Sculp.

www.ingramcontent.com/pod-product-compliance
Lightning Source LLC
Chambersburg PA
CBHW061006050426
42453CB00009B/1279